LE STATUT

DE LA PAIRIE.

Préserver l'autorité tutélaire de la couronne, affermir sur des *bases plus fixes*, les pouvoirs politiques, consolider toutes nos institutions..
(*Adresse de la chambre des pairs,* 1828.)

PARIS,

IMPRIMERIE D'A. PIHAN DELAFOREST,

rue des Noyers, n° 37.

1828.

Dans les prescriptions formelles, la lettre seule se montre, ouvrant la lice aux débats, offrant le triomphe au sophisme.

Dans les traditions nationales, c'est au contraire l'esprit qui perce, qui brille d'une lumière égale et vive.

En Angleterre, à l'égard de la pairie, pas un mot n'a été tracé sur le papier : et depuis un siècle et demi, il n'y a eu qu'un exemple de créations blâmables, à peine un exemple de nominations blâmées.

En France, le fait réitéré de la violation des principes, menace de passer en usage, puis de tourner en droit.

Pour conjurer de tels présages, il faut extraire les principes, du sein de la loi qui les renferme, les émettre à la lumière, les énoncer dans le texte même.

Si la plus profonde conviction de cette nécessité n'avait déterminé, ce serait une témérité inexcusable, que de hasarder quelques idées sur un sujet aussi délicat.

Le malheur porte la leçon : et quand sa leçon est entendue, le malheur tourne en bienfait ; c'est une crise propice, tutélaire : tel est l'ordre de la Providence ; la société n'a que des graces à lui rendre, n'a qu'un devoir à remplir.

En 1814, cent cinquante pairs sont nommés, dont un tiers fut éliminé après les cent-jours.

En 1815, cent pairs sont nommés.

Ainsi ont été jetés les fondemens ; ainsi ont été posées les premières assises de l'institution de la Pairie. Et déja l'édifice se montrait imposant, majestueux ; en l'élevant précipitamment, on risquait de l'ébranler, au lieu de l'embellir.

En 1819, soixante-dix pairs sont installés, la moitié étant composée des éliminés.

En 1823, cinquante pairs sont installés, le tiers étant formé de prélats et de généraux.

Ces deux nominations présentent un certain nombre de titres irrécusables, sous les rapports de la naissance et des services.

Enfin, en 1827, quatre-vingts pairs sont choisis,

en partie presque égale, parmi les membres de la chambre et dans les salons, les provinces : ceux-là, en raison des votes officieux ; ceux-ci, d'après la loi du caprice ou du sort.

En somme, sous l'ancien ministère, en soustrayant les éliminés rappelés par la politique et les personnes de nom ou de mérite, il a été nommé vingt pairs.

Sous le dernier ministère, en soustrayant les prélats et les généraux, puis les hommes ayant des titres légitimes, il a été nommé cent pairs.

Progression effrayante, et d'autant plus révoltante que sous les deux administrations du duc de Richelieu, il n'avait été nommé que six pairs, dont un archevêque, un héritier et quatre ministres.

Jamais le principe de dégradation, qui couve au sein de toutes les institutions civiles et qui les mine, les corrompt, les détruit tôt ou tard, ne s'était développé si vivement, si violemment.

Et remarquez que dans le corps social comme dans le corps humain, le travail de la dissolution s'opère d'une manière latente, sans qu'il y ait de symptômes frappans, de douleurs efficaces, pour dénoncer l'imminence du péril.

Remarquez qu'en raison des progrès du mal, des approches du terme fatal, le patient, peu à peu dépouillé de la faculté de sentir et tombant ainsi dans l'état d'atonie, se laisse aller à une sorte de quiétude, qui parfois est mêlée de quelque volupté.

De plus, le Français, oublieux de la veille et insouciant du lendemain, vit au jour le jour. La raison ne dicte point son jugement ; sa volonté est soufflée par la passion.

Si bien, qu'à l'occasion des créations de pairs de 1819 et 1827, à peine a-t-on été frappé de l'un ni de l'autre bord, de la violation des principes ; et qu'entre les deux partis opposés, une semblable mesure, s'est vue blâmée ou louée, suivant qu'elle nuisait ou qu'elle servait.

Or, l'esprit de parti reste le même ; et les ministres, sauf que le duc de Richelieu ne ressuscite, se retrouveront les mêmes, de plus en plus autorisés par l'usage, justifiés par le succès.

Il faut un statut, une règle fixe, afin d'asseoir, de consolider l'institution de la pairie.

Car les ordonnances du Roi, qui devaient décider en une telle matière, ne suffisent plus, depuis que celles de 1815 et 1817 ont été rapportées ou suspendues : forfait le plus insigne, puisque ainsi la parole sacrée a été compromise ; forfait le plus prospère, puisque ainsi l'arbitraire a commandé l'établissement de la règle.

Le concours des chambres devient indispensable, soit qu'il s'effectue suivant le mode approprié

aux lois, ou par l'entérinement des ordonnances
du Roi.

L'indication rapide des points principaux que
doit comprendre le statut de la pairie , sera natu-
rellement appuyée par quelques fragmens des
deux écrits sur ce sujet.

Le premier s'est attaché , non pas à interpréter
mais à déterminer le sens de l'article 27 de la
charte, à l'égard des nominations de pairs ; et la
démonstration présentée a paru tellement incon-
testable, que le cabinet n'a pu imaginer un autre
mode de réfutation, qu'en prohibant la publica-
tion.

Les principes étant posés, il ne reste qu'à en
tirer les conséquences, à les traduire en prescriptions légales.

La fatalité imposée à la suite des créations dé-
mesurées de pairs, pouvait être conjurée par la
mise en accusation et la condamnation des ministres responsables : au moyen de quoi, il n'y avait
plus à craindre pour l'avenir.

Mais les cœurs ou les têtes sont trop faibles : il
semble que les ministres tiennent au trône ; le respect et la crainte dissuadent de les poursuivre.

Il faut réprimer cependant , et si la répression

ne dérive pas de la punition; il faut recourir à la prévention.

Au lieu que l'arrêt de la justice, provoqué par une chambre et prononcé par l'autre, aurait atteint les coupables, sauf le recours en grace, jusque sur les marches du trône; ce sera le décret de la loi, fort du concours des trois pouvoirs, qui franchira ces marches, qui s'élévera au niveau même du trône.

Maintenant, la nécessité exige que la loi rendue dans les formes habituelles, ou que l'ordonnance revêtue du caractère légal, établisse à quel chiffre, le nombre total des pairs sera limité; à quel chiffre, les nominations annuelles seront restreintes.

Et dans les considérans du statut, des maximes générales doivent être énoncées:

Quant à la proportion entre les choix, à titre de naissance et à titre de mérite; car c'est l'alliance combinée de ces deux sortes d'influences, qui conférera à la pairie, la prérogative de l'ascendant moral,

Quant à la prohibition des choix pris dans la même famille, sauf à l'égard des races illustres; car d'une part, rien ne porte plus le caractère de l'intrigue, et de l'autre, cela réduit le nombre des familles liées à la pairie;

Enfin, quant à la prohibition, sauf dans quel-

ques rares exceptions ; des choix faits parmi les députés ; car c'est révéler à quel prix, le cabinet ac-
quiert la majorité ; c'est priver la chambre élective, de tout droit à la confiance publique.

Choses à l'égard desquelles, l'Angleterre, dont
la raison devança l'expérience et dont l'expérience démontre la raison, donne les plus mémo-
rables exemples.

Le statut de la pairie devra ensuite, remettre
ou plutôt mettre en vigueur, l'ordonnance consti-
tutive de la pairie, en date du 19 août 1815 ; qui a
été constamment méprisée, à l'égard de la réversion des titres et de la formation des majorats.

Ses dispositions sont importantes, surtout sous
le premier rapport, attendu que suivant l'usage
actuel, la réversion ou la transmission du titre
étant autorisée avant le décès, se trouve imposée
au ministère, par la crainte de perdre un auxi-
liaire, et devenant générale, enlève au corps de
la pairie, toutes chances de réduction, quant au
nombre.

L'article 3 de l'ordonnance est ainsi conçu :

« Dans le cas où la ligne directe *viendrait à
manquer* dans la famille d'un pair, nous nous ré-
servons, d'autoriser la transmission du titre dans
la ligne collatérale qu'il nous plaira de désigner :

auquel cas , le titulaire ainsi substitué , jouira, etc., etc. »

La lettre et l'esprit parlent dans le même sens. Quant à l'esprit, il est évident que cet article n'était point entendu pour le plaisir ou la gloire du pair qui n'a point d'enfans, et était conçu dans l'intérêt seul de la famille, afin que le titre de pair ne lui fût pas indûment ravi.

Quant à la lettre, en parlant du cas où la ligne directe viendrait à manquer, il est clair que cette phrase ne s'applique qu'à l'époque postérieure au décès; car jusques-là, nul ne sait si cette ligne viendra à manquer.

En parlant de la transmission du titre dans une ligne collatérale , il est clair que le choix doit être fait entre toutes les lignes collatérales existantes au jour du décès.

Et par dessus tout, ces mots , *dans la ligne collatérale* ne peuvent être interprétés en faveur des gendres du pair, qui sont d'une autre famille.

Dans la charte, il est dit seulement, que la nomination des pairs appartient au Roi : expression simple, qui n'indique point l'idée de la transmission, de la substitution; expression précise qui emporte le sens de l'entrée immédiate en fonctions.

Le Roi ne nomme pas à une chance, ne nomme point pour l'avenir; il investit du droit, il installe

FRAGMENS

DES ÉCRITS SUR LA PAIRIE.

Lᴇ sens commun s'adresse d'une voix si claire et si forte aux consciences, qu'il dédaigne le plus souvent, de s'exprimer par des signes matériels aux intelligences.

Dans les temps anciens, bien que le code n'infligea pas de punition, n'imposa pas même de prohibition à l'acte du parricide, nul n'a tenté d'en soutenir la légitimité, la légalité.

De nos jours, bien que la charte ne s'explique nullement à l'égard de la dynastie, de la loi salique, de l'indivisibilité du royaume, nul ne s'est permis de supposer que ces maximes fondamentales eussent perdu de leur autorité.

De même, bien que la charte n'ait pas spécifié minutieusement que le nombre de pairs, s'arrêterait à telle ou telle limite, que le choix des pairs s'effectuerait sous telles et telles conditions, on n'est pas en droit de prétendre que le nombre est indéfini, que le choix est arbitraire.

Si la charte a gardé le silence, c'est qu'une tradition immémoriale consacrait le mode de nomination à la pairie aussi manifestement que le mode de succession dans la dynastie ; c'est que l'invention, l'institution de la pairie porte en elle-même et ses limites et ses conditions : la fin commande les moyens.

Il n'y a point de degrés dans l'absurde : la chambre

sur le siège. En créant, le Roi donne la vie.

La formation des majorats est aussi d'un grand intérêt, attendu que les ministres prenant l'habitude d'en dispenser, sont plus vivement tentés d'obtenir de la couronne, des nominations nombreuses qui leur procurent aussitôt un secours souvent nécessaire.

Les pairs ne doivent pas être admis avant d'avoir reçu leurs lettres patentes : et suivant l'article 5 de l'ordonnance, les lettres patentes délivrées, porteront toutes, collation d'un titre, sur lequel sera institué chaque pairie.

Or, avant que le Roi accorde la collation d'un titre, il faut qu'un majorat analogue ait été fourni ; pour que chaque pairie puisse être instituée sur un titre, il faut que le mot *titre*, se confonde avec le mot *majorat*, que l'expression du titre suppose l'existence du majorat.

A proprement parler, chaque pairie est instituée sous un titre ; chaque titre est institué sur un majorat.

Le statut de la pairie sera obligé de traiter des pairs à vie, rêverie renouvelée de temps à autre et prête à renaître au premier accès du désespoir ministériel.

Sur ce point, il pourra se borner à transcrire

le magnifique préambule de l'ordonnance du 19 août 1815, devant lequel le sophisme même est tenu de garder le silence, en dépit duquel, l'arbitraire n'oserait s'exercer, tant que la mémoire en gardera quelques traces.

« Voulant donner à nos peuples un nouveau gage du prix que nous mettons à fonder de la manière la plus stable, les institutions sur lesquelles repose le gouvernement que nous leur avons donné et que nous regardons comme le plus propre à faire leur bonheur; convaincu que rien ne consolide plus le repos des états que cette hérédité de sentimens qui s'attache, dans les familles, à l'hérédité des hautes fonctions publiques, et qui crée ainsi une succession non interrompue de sujets, dont la fidélité et le dévouement au prince et à la patrie, sont garantis par les principes et les exemples qu'ils ont reçus de leurs pères, etc. »

Telle est la force de ces paroles, qu'il semble presqu'inutile de montrer comment les articles de l'ordonnance ne présentent que les conséquences naturelles de la charte.

Certes, la charte n'entendait pas, qu'il pût exister en même temps, des pairs à vie et des pairs héréditaires : ceux-ci libres, ceux-là esclaves.

Mais les circonstances étaient périlleuses, ainsi que le 20 mars l'a prouvé : le Roi ne pouvait porter une foi entière dans les pairs nommés;

surtout après s'être décidé à accepter tous les sénateurs.

Ainsi, la charte dut lui réserver le droit de nommer les pairs à vie ou de les rendre héréditaires, suivant le cours des évènemens : et ce fût en conformité de ces vues, que sous le même ministre, sous le ministre présent à l'octroi de la charte ; le 4 juin 1814, vit nommer tous les pairs à vie, et le 17 août 1815, vit rendre héréditaires, ceux qui étaient déja nommés, ceux qui seraient nommés à l'avenir.

« De plus, la charte avait conçu, que l'ordre social, se prêtait à l'institution de deux sortes de pairs, les pairs de race et les pairs de charge, dont le titre également perpétuel, est attaché pour les uns, à la personne, et pour les autres, à la chose : en raison de quoi, il lui a fallu faire usage de l'expression de nommer à vie, attendu que le titulaire de la charge et de la pairie, être identique, est essentiellement viager.

« Déja l'accomplissement d'une telle intention, qui devra s'étendre en appelant à la pairie, les offices suprêmes de la justice, qui devra s'améliorer, en érigeant fixement sous ce titre, les sièges métropolitains, s'est opéré, bien qu'incorrectement, à l'égard de quelques prélats. » (*La Pairie*, 2ᵉ partie.)

Si la couronne n'était investie du droit de nom-

mer des pairs à vie , elle serait privée d'admettre
dans la chambre haute , les archevêques, qu'il n'y
a pas moyen d'instituer sous le titre héréditaire ;
de même qu'elle est privée encore d'admettre les
premiers présidens, dont le titre deviendrait trans-
missible à leurs enfans et non pas à leurs suc-
cesseurs.

Sous la formule adoptée le 17 août 1815, *sont
nommés membres de la chambre des pairs* , etc. ;
et sous celle employée le 5 novembre 1827 : *sont
élevés à la dignité de pairs du royaume*, etc., lesquelles emportent, autant qu'il y a lieu , le caractère implicite de l'hérédité ; les prélats sont nommés à vie , tandis que les magistrats seraient nommés à titre héréditaire.

Ce qui rend impossible , que les magistrats
soient jamais appelés à la pairie ; et rend incertain
si les prélats, y seront toujours appelés.

Résultat doublement fatal : car pour éclairer et
relever la pairie, l'admission des magistrats, est
de la plus haute convenance ; car, au gré des ca-
prices du ministère, le clergé dont l'alliance avec
la pairie , est tellement précieuse, pourrait en être
éliminé.

Le statut doit donc ériger en sièges de la pairie,
les métropoles et les premières présidences, c'est-
à-dire, créer des pairs de charge, auprès des pairs
de race.

haute est aussi mal appropriée à contenir un monde de pairs que le trône à soutenir deux rois.................

« La nomination des pairs de France appartient au Roi ; leur nombre est illimité. » Ainsi parle l'article.

Ce sont des mots, quel en est le sens ?

Les mots ne forment à bien dire qu'une sorte de chiffre, dont la clef est plus ou moins difficile à découvrir. L'outil du langage est si défectueux, si mal adapté à son emploi, que l'intelligence, bientôt rebutée, se borne à rendre sa pensée au simple trait : aussi l'imagination voit dans l'esquisse jetée sur le papier, tout ce qui lui plaît à voir ; et ce n'est pas sans un grand travail, que la raison parvient à se représenter le tableau dans toute sa vérité.

L'article dit que la nomination des pairs *appartient au Roi*. C'est un droit qui n'est pas conféré, qui est réservé plutôt ; c'est un droit qui a toujours été exercé par la couronne, en une certaine manière, qui sera encore exercé de la même manière, car les fins qu'on doit accomplir, les motifs qu'on doit apprécier, restent identiques. Et chacun sait quel scrupule était porté dans l'ancien régime, quant à l'investiture de la pairie.............................

....

....

Après avoir déclaré que le Roi peut varier les dignités des pairs, l'article ajoute aussitôt : *selon sa volonté*. Mais après avoir établi que les pairs sont nommés par le Roi, l'article se garde bien d'employer la même formule.

C'est selon sa volonté, suivant son opinion, d'après son idée, expressions à peu près synonymes, que le Roi ou plutôt le ministère est autorisé à faire usage de la prérogative, sous le premier rapport ; attendu que cet usage doit servir, doit suffire au maintien de l'influence de la couronne, sans que l'abus même puisse compromettre le salut de l'Etat.

L'article 71 porte une nouvelle lumière sur le vrai sens du dictionnaire de la charte. *Le Roi fait des nobles à volonté.* Est-ce assez marquant, assez frappant? Le Roi fait. — Un trait de plume suffit. — Le Roi fait à volonté. — Des rames de papier sont sous sa main. Cela devait être ainsi; car cette faveur est souvent utile, jamais nuisible.

A volonté, dit plus encore que *selon sa volonté*. La latitude s'étend en raison inverse du danger ; et comme le danger existe au plus haut degré, quant à l'extension du nombre des pairs, ni l'un ni l'autre de ces mots n'est ajouté à la déclaration du droit.

L'expérience et la raison nous crient d'une commune voix que, soit pour emporter la société hors des voies accoutumées et obtenir des effets extraordinaires, soit pour la maintenir sous les règles établies et consolider son état de repos, c'est l'ascendant moral qui a toujours agi, toujours réussi, et non pas l'impulsion ou la repression matérielle.

Entre ces deux sortes de moyens, l'une fournit des Grecs et des Romains, le Français des croisades et l'Anglais de nos temps ; tandis que l'autre façonne des îlotes à Sparte et des esclaves à Rome, le serf de Russie et le nègre d'Amérique. Qu'on fasse le choix ?

Or, quand la magie de la couronne a été affaiblie, par

la marche des siècles et par les fautes du ministère , quand sa splendeur a été obscurcie au sein d'une nuit de vingt-cinq ans; après que toute hiérarchie fut détruite , toute coutume abolie, toute habitude rompue, toute tradition effacée, en quel lieu, par quel mode, irez-vous tenter d'ériger le siège de cet ascendant moral , de cette puissance intellectuelle , qui est revêtue du privilège d'enlever les volontés, sans se débattre avec les opinions, et d'épargner, par l'effet d'un assentiment bénévole, les frais, les retards, les périls de l'emploi de la force civile et militaire.

Les chambres se présentent seules sous ce rapport : merveilleuse invention par laquelle le sujet est fait citoyen, et se tenant comme associé commanditaire du législateur , accueille la loi au lieu de la subir.

Seulement il faut que la foi, le respect , admettent et consacrent au profit des chambres, l'investiture de l'ascendant moral ; et la foi, le respect, doivent appartenir d'origine ou être acquis par la conduite.................

. . . .

. . . .

La force ne prévient point, ne réprime que pour l'instant ; la force arrive trop tard et frappe après coup ; la force aveugle en ses desseins, en imposant la crainte, provoque la vengeance : la force est bientôt surprise et domptée par l'opinion qu'elle enchaîna d'abord.

Le principe de la vie sociale gît dans l'ascendant moral : et l'ascendant moral est dévolu par la puissance des temps, par le poids de l'exemple et de l'habitude , aux chambres législatives : l'ascendant moral, en ce qui touche la consécration , la consolidation de l'ordre, est réservé à la chambre haute, institution éminente, suprême!

Or, toutes les fois qu'une nomination de pairs ne paraît pas motivée par des causes légitimes, chaque fois qu'un ou plusieurs noms ne semblent pas indiqués par le mérite ou la naissance, dans la même proportion que s'attache la défaveur aux intrus de l'arbitraire, la faveur se détache du corps qui garde le palladium de nos destinées........

. . . .

. . . .

« Il n'y a pas loin, s'écrie un journal anglais, de la dégradation de la pairie, à la dégradation de la royauté. »

Cependant en Angleterre, la pairie est implantée dans le sol ; la pairie offre dans chacun de ses membres, le noyau d'une masse d'intérêts ; la pairie représente, avec le concours de quelques députés des comtés, la population et la richesse agricole.

Et la royauté, bien qu'entée par la violence sur la souche légitime, après un siècle et demi d'existence, se trouve en harmonie avec le principe religieux, se porte au-devant de tous les besoins de la civilisation, tient maintenant plus que jamais.

En est-il de même en France, à la suite d'une triple révolution, sous l'empire des préjugés et des passions, dans l'ère de la cupidité, de la pusillanimité, à travers la brusque marche et les écarts impétueux du dix-neuvième siècle ?

Quelle est la différence entre le monarque et le ministère ? Au moyen de la substitution qui en est faite, celui-ci jouit des mêmes pouvoirs : seulement il n'en jouit qu'à temps. Cela suffit pour occasioner un contraste parfait, dans les erremens respectifs.

Tandis que le monarque règne assez, ce lui semble, parce qu'il règne à jamais; le ministère est voué à régner trop fort, trop vite, toujours incertain et inquiet du terme de son pacte.

Même dans les monarchies absolues, la dure et sèche allure, le désordre des mouvemens de la part de l'un, troublent la marche réglée et modérée de l'autre, creusent sur ses voies jusque-là unies et coulantes, de mauvais pas à franchir.

Et dans les états représentatifs, par l'effet de sa lutte avec l'opposition, le ministère s'échauffe et s'emporte, perd la tête, accumule les périls au devant du monarque.

Or, suivant les conditions de son organisation, la pairie se rapproche des caractères propres au monarque ou au ministère, et se présente comme une sauve-garde des droits de la couronne, ou comme un instrument des complots du cabinet.

Une constitution analogue à celle de la royauté, inaltérable, immuable, la dirige dans le même sens et l'attache à ses destinées : une constitution semblable à celle du cabinet, variable et vacillante, la pousse sur les mêmes erremens, la soumet à son service.

Et enchaînée par le ministère, la pairie peut encore frapper les peuples, des fers dont elle est chargée; mais non pas se dégager du poids des défiances, et reprendre de l'ascendant sur les peuples : esclave, elle couvre pour l'instant, le ministère, en laissant le trône sans défense contre les assauts ; tandis qu'indépendante, elle aurait couvert le trône à jamais, en livrant le ministère à la merci des lois.

Aussi, le ministère, plutôt tenté d'abaisser la pairie, au niveau de son poste, à la portée de ses ordres, que de l'élever à la hauteur et l'ériger en boulevard du trône, ne doit songer, en sus des moyens de séduction, qu'à l'écraser sous le faix du nombre, à l'altérer par l'aloi du titre, à la dégrader et repousser l'opinion qui seule l'investit de force. . . . .

. . . .

. . . .

Il y a une chambre élective et temporaire qui soutient les droits, qui déclare les besoins, qui transmet les vœux, qui communique les lumières, au nom et pour le compte du pays.

Il y a une chambre héréditaire et perpétuelle qui protège les libertés publiques, qui garantit la prérogative royale, qui discute les projets et surveille les actes du ministère, lui offrant les occasions de bien faire, lui enlevant jusqu'à la tentation de mal faire.

En un tel état de choses, les ministres se trouvent-ils affligés d'ineptie ou atteints de manie ? Qu'importe !

La chambre élue se laisse-t-elle égarer, soit par l'erreur si naturelle à la race humaine, soit par la passion si commune dans les assemblées ? Qu'importe !

La chambre haute est là. Et comme ses destins sont rendus à leur terme, sont tenus hors de ligne, elle est juste ; comme la sagesse, la constance, la loyauté, lui ont valu l'ascendant moral, elle est forte.

Qu'on ne craigne rien !

Mais si sa condition est changée, si sa position est altérée, la chambre haute n'existe plus.

En exposant des considérations politiques d'un ordre élevé, il convient de faire abstraction du corps ou du pouvoir formé par l'élection populaire, attendu qu'il n'apparaît point dans les premiers temps de la civilisation et qu'il tend à innover soit en bien ou en mal , de sorte à porter des périls, plutôt que des garanties.

Deux pouvoirs seulement se retrouvent en tous temps, en tout lieu, et se montrent ainsi essentiels, inhérens à la société humaine : le pouvoir monarchique, le pouvoir aristocratique.

Ces deux pouvoirs concordent entre eux, quant au caractère de l'hérédité; condition vitale et fondamentale de leur existence, à défaut de laquelle, ils seraient tout autres qu'ils ne sont.

Ils diffèrent en ce que le principe de l'unité qui leur est commun, se représente dans le premier sous une forme simple, dans le second, sous une forme complexe.

Dans le pouvoir monarchique, le titre ne reposant que sur une tête et devant passer de l'une à l'autre, des crises plus ou moins périlleuses menacent ; sa nature est assez bien rendue par l'image des fées, à qui le don de magie n'était accordé qu'à la charge d'être privées de leur vertu et exposées à tous les accidens , un jour dans l'année.

L'unité simple de la royauté, dut fonder la famille, la tribu, la cité, étant seule douée d'offrir un noyau fixe,

autour duquel se ralliaient, se combinaient les élémens in-
formes et épars.

Mais la **royauté** est soumise, d'une part aux risques de
la mutation du titre, de l'autre aux chances de l'altération
morale du titulaire : en outre, d'autant que la société
s'accroît en masse et se complique en rapports, le monarque est moins capable d'exercer une influence immédiate,
une surveillance universelle, est plus sujet à se laisser
tromper ou trahir par les agens qui le circonviennent.

Il faut en même temps rendre des actions de graces à
la providence, pour une prescription aussi tutélaire, et
reconnaître dans la société, l'effet irrésistible de la nécessité ; en voyant se former toujours et partout, soit par le
mode d'une institution formelle, soit et plus souvent, au
moyen de l'extension successive des attributions, le pouvoir aristocratique.

Ce pouvoir, par cela même qu'il appartient à un corps,
ne subit pas la mutabilité proprement dite, ne craint
point d'interruption, d'interception : l'unité complexe
qui lui est propre, renfermant un principe de renovation
constante, lui garantit quant aux apparences extérieures,
quant aux intentions intimes, une identité parfaite.

Tel était depuis des siècles, le parlement ou la cour des
pairs, dont la vénalité des charges devait être louée plutôt
que blâmée, étant productive de l'hérédité du titre et par
conséquent de l'indépendance du vote, étant ainsi, par
un phénomène singulier, préservatrice de la vénalité des
consciences tout-à-fait inouie dans ce corps ; le parlement
qui, seul légataire des puissances éteintes, seul déposi-
taire des garanties sociales, seul arbitre entre l'autorité

et les libertés, seul champion de la couronne contre le
ministère, a rempli dignement tant d'obligations.

Telle sera la pairie, pour peu que ceux qui ont intérêt
à ce que cela ne soit pas, n'aient pas la puissance d'em-
pêcher que cela soit.

Même dans l'ère théocratique et sous le régime militaire, où les chefs du sacerdoce et de l'armée, possèdent
encore une certaine influence, le gouvernement purement
absolu ne se présente dans l'histoire, que comme un être
d'exception, ou plutôt comme un être d'abstraction.

Il n'y a pas d'exemple, que l'autorité souveraine, ait
été totalement délivrée ou dépourvue, comme il plaìa de
l'entendre, de tout contrôle, de tout conseil, soit légale-
ment existant, soit moralement agissant.

Et le contrôle ou le conseil fut toujours exercé par un
corps dont les membres siégeaient en vertu d'un titre
transmis de droit par la race, ou d'un titre transporté de
fait par la charge.

Cet état des choses a précédé pendant des siècles, l'époque de la participation des peuples aux affaires publiques,
et subsiste sans interruption, depuis son origine : aussitôt
que la révolution la plus anarchique et l'usurpation la plus
tyrannique, ont pris quelque à plomb, ont acquis quelque
durée, on le voit renaître sous une forme quelconque. . .

. . . .

. . . .

Le corps ou le pouvoir aristocratique, ainsi dénommé
aux temps anciens, d'après la juste présomption de sa

sagesse, s'y montre universellement institué, sous le type de l'hérédité, dans le sens personnel ou réel.

L'hérédité personnelle, émane de la race, passe avec le sang, avec le nom, amène un cours successif de titulaires.

L'hérédité réelle provient de la charge, dépend du droit des services ou du choix de l'autorité, amène un cours consécutif de titulaires.

Il n'y a rien à dire, quant à l'hérédité de race; en nul autre point, le naturel de l'homme ne se prononce aussi fortement, aussi constamment. Et le mode qui la transfère, le titre qui la confère, sont si simples, si palpables, qu'ils se refusent à toute explication.

Quant à l'hérédité de charge, elle varie et dans le mode et dans le titre : la charge peut être acquise ou concédée en telle et telle manière ; elle peut être ecclésiastique, judiciaire, militaire même : seulement, il faut qu'elle soit inamovible.

On conçoit d'abord, comment le caractère propre aux fonctions du pouvoir aristocratique, est imposé comme à l'insçu, est inculqué par la vertu originelle, au titulaire investi de l'hérédité personnelle.

Mais si l'homme né d'un sang illustre, est identifié avec sa race, tellement que l'existence de l'individu, ne présente qu'une phâse, dans l'orbite des générations ; de même l'homme, promu à un poste à la fois éminent et stable, s'identifie avec sa charge, car l'imagination ardente, insatiable, est toujours disposée à franchir les limites de la vie, à se créer un monde nouveau.

Pourvu que l'inamovibilité lui permette de se faire propre, sa charge, le titulaire se fond et se perd sous le titre; il se réduit à l'état de porteur de titre.

L'hommeest installé en viager ; mais la charge est fondée à perpétuité : et celui-là, n'éprouvant plus de sentiment, ne concevant plus d'idée, qu'à l'occasion de celle-ci, c'est le même esprit d'hérédité, qui dicte la volonté, qui imprime le caractère.

Telles sont les deux sortes de positions, dans lesquelles le corps aristocratique s'est généralement recruté, doit se recruter exclusivement.

Il n'y a pas lieu à faire mention des anciens, qui dans l'origine, l'ont souvent composé en totalité ; attendu que ces anciens seulement désignés par l'âge, n'étaient admis qu'en vertu de la naissance ou en raison des fonctions, et rentraient ainsi, sous l'une ou l'autre catégorie.

www.ingramcontent.com/pod-product-compliance
Ingram Content Group UK Ltd.
Pitfield, Milton Keynes, MK11 3LW, UK
UKHW020003130726
13694UKWH00005B/2059